Nossa Senhora de Schoenstatt

Mãe Peregrina: invocada para a cura da depressão

Elam de Almeida Pimentel

Nossa Senhora de Schoenstatt

Mãe Peregrina: invocada para a cura da depressão

Novena e ladainha

Petrópolis

2009, Editora Vozes Ltda.
Rua Frei Luís, 100
25689-900 Petrópolis, RJ
www.vozes.com.br
Brasil

2ª edição, 2014.

1ª reimpressão, 2019.

Todos os direitos reservados. Nenhuma parte desta obra poderá ser reproduzida ou transmitida por qualquer forma e/ou quaisquer meios (eletrônico ou mecânico, incluindo fotocópia e gravação) ou arquivada em qualquer sistema ou banco de dados sem permissão escrita da editora.

CONSELHO EDITORIAL
Diretor
Gilberto Gonçalves Garcia

Editores
Aline dos Santos Carneiro
Edrian Josué Pasini
Marilac Loraine Oleniki
Welder Lancieri Marchini

Conselheiros
Francisco Morás
Ludovico Garmus
Teobaldo Heidemann
Volney J. Berkenbrock

Secretário executivo
João Batista Kreuch

Editoração: Fernando Sergio Olivetti da Rocha
Diagramação: AG.SR Desenv. Gráfico
Capa: André Gross e Omar Santos

ISBN 978-85-326-3830-4

Editado conforme o novo acordo ortográfico.

Este livro foi composto e impresso pela Editora Vozes Ltda.

Sumário

1. Apresentação, 7
2. Histórico sobre Nossa Senhora de Schoenstatt, 9
3. Novena de Nossa Senhora de Schoenstatt, 14
   - 1º dia, 14
   - 2º dia, 16
   - 3º dia, 18
   - 4º dia, 19
   - 5º dia, 20
   - 6º dia, 22
   - 7º dia, 23
   - 8º dia, 25
   - 9º dia, 26
4. Oração a Nossa Senhora de Schoenstatt, 28
5. Ladainha de Nossa Senhora de Schoenstatt, 29

APRESENTAÇÃO

Angústia, medo permanente, tristeza, solidão constante, ansiedade, desgosto, pessimismo, rejeição são sentimentos que fazem parte do nosso cotidiano e podem nos levar à depressão, não dependendo da idade, nível social, nacionalidade para que ela se manifeste: em qualquer época, podemos ser vítimas da depressão. Esta, embora possa ter também causas biológicas, as principais parecem ser de fundo emocional, psicológico e espiritual. Neste livrinho, enfocamos apenas o lado espiritual da depressão, ressaltando que não podemos dispensar a ajuda da medicina e da psicologia também.

O fundamental, ao nos encontrarmos em depressão, é descobrir que a fé tem muito a nos ajudar nesses momentos. Caminhar com fé, lembrando das palavras do Sl 54,23: "Descarrega teu fardo sobre o Senhor, e Ele te sustentará".

É preciso contar com Deus. Entregar nossa vida a Ele e nele buscar a força para caminhar. E isso podemos conseguir através da oração, da intercessão de "Maria", Mãe dos aflitos, nossa Mãe e Rainha Três Vezes Admirável – Nossa Senhora de Schoenstatt –, Nossa Senhora da Depressão, invocada pelo fundador do movimento apostólico de Schoenstatt, que, mesmo preso no Campo de Concentração de Dachau, na Alemanha, triste, solitário, não perdeu a fé em Nossa Senhora e em Jesus Cristo.

Vamos rezar a Nossa Senhora de Schoenstatt, solicitando que peça a Deus por nós, lembrando-nos da pequena oração feita por Padre José Kentenich, fundador do Santuário da Mãe e Rainha Três Vezes Admirável de Schoenstatt no Campo de Concentração de Dachau:

> Confio em teu poder, em tua bondade. / Em ti confio com filialidade. / Confio cego, em toda situação, Mãe, no teu Filho e em tua proteção. / Amém.

Este livrinho contém histórico de Nossa Senhora de Schoenstatt, sua novena, oração e ladainha, como também passagens bíblicas seguidas de uma oração para o pedido da graça especial, acompanhada de um Pai-nosso, uma Ave-Maria e um Glória ao Pai.

Histórico sobre Nossa Senhora de Schoenstatt

Nossa Senhora de Schoenstatt é comemorada em 18 de outubro e é venerada como Mãe, Rainha e Vencedora Três Vezes Admirável de Schoenstatt. É conhecida também como Mãe Peregrina, imagem que mensalmente visita as casas, permanecendo 24 horas em cada família. A palavra alemã *Schoenstatt* significa "belo lugar", e é o nome de um bairro de uma pequena cidade alemã, Vallendar, às margens do Rio Rena.

Dados históricos dizem que, em 1148, o bispo de Treves, Dom Alberto, doou um terreno a uma comunidade de Irmãs Beneditinas, dando-lhe o nome de "Schoenstatt", impressionado pela beleza do lugar, e estas irmãs ali construíram um convento e uma basílica, consagrando-os a Nossa Senhora.

A história do lugar registra que, ainda por volta de 1224, foi construída uma capelinha junto do Cemitério das irmãs, consagrada ao Arcanjo São Miguel, como era costume na Alemanha, na mencionada data. Esta capelinha foi destruída durante a guerra e depois reconstituída, ficando conhecida mais tarde devido a Obra de Schoenstatt, movimento criado pelo Padre Kentenich, que fez desta capelinha o Santuário da Mãe de Deus, venerada com o título de Mãe, Rainha e Vencedora Três Vezes Admirável de Schoenstatt. Mãe: Nossa Senhora nos foi dada como Mãe por Jesus agonizante na cruz: "Eis aí a tua mãe!" Como Igreja, formamos o corpo místico de Jesus Cristo, portanto, sua mãe é também nossa Mãe; Rainha: depois de sua assunção ao céu, Maria foi coroada como Rainha do céu e da terra; Vencedora: Deus deu a Nossa Senhora o poder de esmagar a cabeça da serpente e triunfar sobre todos os poderes diabólicos e Nossa Senhora vence todos os inimigos do Reino de seu Filho: "a vitória virá por meio de Maria porque Cristo quer que a sua vitória a ela esteja unida" (Papa João Paulo II). Três Vezes Admirável: é filha admirável do Pai eterno, esposa admirável do Espírito divino. Maria é admirável como Mãe de Deus, Mãe do Redentor e Mãe dos remidos.

O Padre Kentenich, em setembro de 1912, foi nomeado diretor espiritual dos alunos do Seminário de Schoenstatt e era um sacerdote devoto de Nossa Senhora desde os 9 anos de idade e assim procurou transmitir aos jovens seminaristas sua devoção.

Irrompeu a Primeira Grande Guerra Mundial e as dificuldades decorrentes dela tornaram difíceis os encontros dos seminaristas orientados pelo padre e eles passaram a se encontrar na capelinha de Schoenstatt, que, na ocasião, estava abandonada.

O padre, ao fazer uma palestra aos seminaristas de Schoenstatt, convocou-os a orar e fazer sacrifícios para que a capela fosse o ponto de partida de um movimento que se espalharia pelo mundo. A capela tornar-se-ia, assim, um local de manifestação das graças de Nossa Senhora. Os seminaristas consideram tal "ideia" como uma oferta que Nossa Senhora lhes quis comunicar por intermédio do Padre Kentenich e colocaram-se a serviço de Nossa Senhora. A aquiescência deles ao plano do padre recebeu o nome de "Aliança de Amor de 1914". As palavras proferidas no dia 18 de outubro de 1914, mais tarde foram denominadas "Documentos de Fundação", ocorrendo assim o nascimento da Obra de Schoenstatt.

Quando foi estabelecida a "Aliança de Amor", não havia na capelinha nenhuma imagem de Nossa Senhora. Em abril de 1915, a capelinha foi presenteada com uma imagem de Nossa Senhora, cópia de um quadro do pintor italiano Crosio, do século XIX. Os congregados de Schoenstatt adotaram o título de "Maria Três Vezes Admirável".

No período de guerra, os ideais nazistas destruíram a Alemanha, e Hitler se posicionava como o único soberano. Padre Kentenich anunciava a imagem de Cristo como Rei e Senhor e a devoção a Nossa Senhora crescia. A Obra de Schoenstatt sofre então perseguições e é ameaçada de destruição.

Em 20 de setembro de 1941, Padre Kentenich foi preso e levado inicialmente para a prisão em Coblença e, a seguir, para o Campo de Concentração de Dachau. Mesmo neste período, continuou dando testemunho de sua fé em Deus e em Nossa Senhora. Voltou para Schoenstatt em 20 de maio de 1945. Em 1951, foi enviado aos Estados Unidos, obedecendo a determinações da autoridade eclesiástica, ficando separado de sua obra, que foi sendo difundida pelos seminaristas e devotos de Nossa Senhora.

Os santuários filiais foram surgindo por iniciativa das Irmãs de Maria, alemãs, missionárias que foram enviadas aos países sul-americanos. O primeiro santuário filial foi inaugurado em 18 de outubro de 1943, no Uruguai, em Nova Helvécia, época em que o fundador da obra de Schoenstatt estava preso no Campo de Dachau. Ao tomar conhecimento de tal fato, Padre Kentenich viu isso como um aceno divino e assumiu a ideia de se construir um santuário filial em todo lugar onde a obra de Schoenstatt florescesse.

No Brasil, surgiu o primeiro santuário em Santa Maria, no Rio Grande do Sul, em local escolhido por Padre Kentenich, junto à Casa Provincial das Irmãs de Maria. Alguns dias após a inauguração, em 11 de abril de 1948, o padre escreveu uma carta estimulando a levar a imagem de Nossa Senhora Três Vezes Admirável aos lares, para que ela pudesse realizar sua tarefa de Mãe e Educadora dos filhos de Deus. Surgiu, assim, a "Mãe Peregrina" – imagem que mensalmente visita as casas, permanecendo 24 horas em cada lar.

Padre Kentenich morreu aos 83 anos de idade, em 15 de setembro de 1968, e sua obra continuou a se desenvolver, sempre atraindo novos devotos para Nossa Senhora. Maria, em Schoenstatt, não concedia só a cura de doenças físicas, mas também realizava "milagres" nas almas, curando as tristezas, angústias provocadas pelas dificuldades decorrentes da guerra. Tornou-se assim, Nossa Senhora de Schoenstatt, a Nossa Senhora invocada para a prevenção ou cura da depressão.

Schoenstatt não é somente um lugar onde se conseguem graças de Nossa Senhora, às margens do Rio Reno, na Alemanha. Em torno de cada santuário filial também é Schoenstatt – "um belo lugar" – onde muitos podem experimentar a presença de Deus.

Novena de Nossa Senhora de Schoenstatt

1º dia

Iniciemos com fé este primeiro dia de nossa novena, invocando a presença da Santíssima Trindade: em nome do Pai, do Filho e do Espírito Santo. Amém.

Leitura bíblica: Sl 100,3

Reconhecei que o Senhor é Deus! / Ele nos fez, e somos seus: / seu povo e ovelhas de seu rebanho.

Reflexão: O salmo expressa nossa pertença a Jesus, somos propriedade dele: "Porque Ele é o nosso Deus; nós somos o povo de seu pastoreio, as ovelhas conduzidas por sua mão" (Sl 95,7).

Pensando nessas palavras, vamos colocar todos os nossos problemas nas mãos do Senhor. Vamos deixá-lo participar de toda a nossa vida e de todas as nossas decisões, mesmo as pequenas. Não vamos resolver nada sem consultá-lo, sem indagar antes: – O que faria Jesus nesta situação? Como Ele quer que eu faça isso?

No silêncio, na oração, coloquemo-nos na presença de Jesus e deixemos que Ele fale ao nosso coração. Com certeza, Ele vai orientar nosso caminho.

Oração: Nossa Senhora de Schoenstatt, tenho certeza de vosso amor por mim e por... (fala-se o nome da pessoa que está em depressão).

Sei que só Jesus, Vosso amado Filho, pode ajudar nesta hora difícil, e assim entrego em vossas mãos todos os meus problemas e angústias. Vinde em meu socorro: eu preciso de vós e de vosso amado Filho. Derramai sobre mim (ou sobre...) vossa graça, curando as decepções, frustrações, angústias. Ajudai-me a voltar a ser feliz. Amém.

Pai-nosso

Ave-Maria

Glória ao Pai

Nossa Senhora de Schoenstatt, confio em teu poder, em tua bondade. / Em ti confio com filialidade. / Confio cego, em toda situação, Mãe, no teu Filho e em tua proteção. / Amém.

Nossa Senhora de Schoenstatt, intercedei por nós.

2º dia

Iniciemos com fé este segundo dia de nossa novena, invocando a presença da Santíssima Trindade: em nome do Pai, do Filho e do Espírito Santo. Amém.

Leitura bíblica: Eclo 38,1-9

Honra o médico por seus serviços, pois o Senhor criou também a ele. É do Altíssimo que vem a cura, e é do Rei que ele recebe o dom. A ciência do médico o faz andar de cabeça erguida, e diante dos grandes será admirado. O Senhor fez sair da terra os remédios, e o homem sensato não os rejeita. Não foi um pedaço de madeira que tornou doce a água, para assim manifestar sua virtude? Foi o Senhor quem deu a ciência aos seres humanos, para que pudessem glorificá-lo por suas maravilhas. Com os remédios o médico cura e acalma a dor; com eles o farmacêutico prepara os unguentos. As obras do Senhor não têm fim, e o bem-estar que dele procede se espalha sobre a terra.

Filho, quando adoeceres, não te descuides: roga ao Senhor e Ele te curará.

Reflexão: A pessoa adoece quando está desequilibrada em alguma de suas dimensões (física, psicológica, espiritual, etc.) e quando perde o sentido da vida. Não podemos dispensar a ajuda da medicina, da psicologia ou da psiquiatria no tratamento da doença; a assistência médica deve estar presente paralela a orações de entrega a Deus, deixando que Ele guie nossas vidas, buscando nele a força para caminhar, para redescobrir o sentido da vida, a nossa autoestima.

Oração: Nossa Senhora de Schoenstatt, a vós suplico que ilumine... (fala-se o nome do profissional que está orientando o tratamento: médico, psicólogo...) para que conduza bem o tratamento para a cura de minha depressão ou da depressão de... (fala-se o nome da pessoa para quem se está orando).

Pai-nosso

Ave-Maria

Glória ao Pai

Nossa Senhora de Schoenstatt, confio em teu poder, em tua bondade. / Em ti confio com filialidade. /Confio cego, em toda situação, Mãe, no teu Filho e em tua proteção. / Amém.

Nossa Senhora de Schoenstatt, intercedei por nós.

3º dia

Iniciemos com fé este terceiro dia de nossa novena, invocando a presença da Santíssima Trindade: em nome do Pai, do Filho e do Espírito Santo. Amém.

Leitura bíblica: Fl 4,13

Tudo posso naquele que me conforta.

Reflexão: Deus não nos criou para sermos tristes, derrotados, deprimidos. Ninguém é obrigado a ser deprimido; a depressão é uma doença e tem cura com a ajuda de Deus. Querer é poder, é vencer, e, para tal, devemos entregar a Deus nossos problemas.

Oração: Nossa Senhora de Schoenstatt, Mãe querida, intercedei junto ao Pai para a cura da minha depressão. Preciso da vossa ajuda. Estou sem vontade e sem ânimo. Iluminai-me para que eu saiba apresentar a Deus minhas preocupações. Ensina-me a rezar, a pedir e a agradecer. Amém.

Pai-nosso
Ave-Maria
Glória ao Pai

Nossa Senhora de Schoenstatt, confio em teu poder, em tua bondade. / Em ti confio com filialidade. / Confio cego, em toda situação, Mãe, no teu Filho e em tua proteção. / Amém.

Nossa Senhora de Schoenstatt, intercedei por nós.

4º dia

Iniciemos com fé este quarto dia de nossa novena, invocando a presença da Santíssima Trindade: em nome do Pai, do Filho e do Espírito Santo. Amém.

Leitura do Evangelho: Mt 11,28-30

Vinde a mim vós todos, que estais cansados e sobrecarregados, e eu vos darei descanso. Tomai sobre vós o meu jugo e aprendei de mim, que sou manso e humilde de coração, e achareis descanso para vossas almas. Pois meu jugo é suave e meu peso é leve.

Reflexão: Para aceitar o convite e experimentar o alívio que Jesus oferece, temos de tomar a decisão de recebê-lo em nossas vidas, de "entregar a Ele a nossa vida". A depressão pode ser evitada e curada ao aceitarmos o convite de

Jesus, pois Ele é "o caminho, a verdade e a vida". Ele é o médico das almas.

Oração: Nossa Senhora de Schoenstatt, ajudai-me a acreditar mais no poder de Jesus, a sentir sempre sua presença e a reconhecer que "não estou sozinho, porque o Pai está comigo" (Jo 16,32).

Nossa Senhora de Schoenstatt, peço vossa intervenção para... (pede-se a graça a ser alcançada).

Pai-nosso
Ave-Maria
Glória ao Pai

Nossa Senhora de Schoenstatt, confio em teu poder, em tua bondade. / Em ti confio com filialidade. / Confio cego, em toda situação, Mãe, no teu Filho e em tua proteção. / Amém.

Nossa Senhora de Schoenstatt, intercedei por nós.

5º dia

Iniciemos com fé este quinto dia de nossa novena, invocando a presença da Santíssima Trindade: em nome do Pai, do Filho e do Espírito Santo. Amém.

Leitura do Evangelho: Jo 12,46

Eu vim como a luz do mundo, para que quem crê em mim não fique na escuridão.

Reflexão: Jesus é a luz. Vamos acolher Jesus no coração e Ele iluminará nossa vida. Sem Ele, ficamos perdidos, sem luz. Entreguemos a Ele a direção de nossa vida. A pessoa deprimida normalmente está em um estado de fraqueza geral, não apenas físico, mas também mental, emocional e espiritual. O que ela mais precisa é de força espiritual, para alcançar a força física e mental.

Oração: Nossa Senhora de Schoenstatt, dai-nos força para assumir as responsabilidades diárias, estimulai-nos a confiar o nosso futuro a Deus, nosso Pai, podendo assim viver todos os dias com a certeza de sua proteção.

Peço vossa intercessão para que apresenteis a Deus meu pedido (pede-se a graça a ser alcançada).

Pai-nosso
Ave-Maria
Glória ao Pai

Nossa Senhora de Schoenstatt, confio em teu poder, em tua bondade. / Em ti confio com filialidade. / Confio cego, em toda situação, Mãe, no teu Filho e em tua proteção. / Amém.

Nossa Senhora de Schoenstatt, intercedei por nós.

6º dia

Iniciemos com fé este sexto dia de nossa novena, invocando a presença da Santíssima Trindade: em nome do Pai, do Filho e do Espírito Santo. Amém.

Leitura bíblica: Ap 3,20

Já estou chegando e batendo à porta. Se alguém ouvir a minha voz e abrir a porta, entrarei em sua casa, e juntos faremos a refeição.

Reflexão: O texto diz que é preciso ouvir a voz de Jesus e abrir a porta para Ele, entregando a Jesus nossa vida. Ele será então nossa força, nossa alegria e esperança.

Oração: Nossa Senhora de Schoenstatt, eu creio em vós. Acredito no vosso amor por mim e acolho seu Amado Filho Jesus como o meu Senhor. Entrego-vos minha vida, meu futuro e todos os meus problemas. Nossa Senhora de Schoenstatt, ajudai-me a me livrar da depressão ou ajudai... (fala-se o nome da pessoa para quem se está fazendo a novena).

Pai-nosso
Ave-Maria
Glória ao Pai

Nossa Senhora de Schoenstatt, confio em teu poder, em tua bondade. / Em ti confio com filialidade. / Confio cego, em toda situação, Mãe, no teu Filho e em tua proteção. / Amém.

Nossa Senhora de Schoenstatt, intercedei por nós.

7º dia

Iniciemos com fé este sétimo dia de nossa novena, invocando a presença da Santíssima Trindade: em nome do Pai, do Filho e do Espírito Santo. Amém.

Leitura bíblica: Mt 6,12

...perdoa-nos nossas ofensas, assim como nós perdoamos aos que nos ofenderam.

Reflexão: O ódio, o ressentimento podem ser causas de depressão. Os acontecimentos ruins do passado que ficaram registrados em nossa mente nos machucam muito. Podem nos levar à depressão. Vamos então eliminar o ódio que sentimos contra pessoas que, no passado, nos causaram sofrimento. Vamos perdoar a pessoa que nos magoou, vamos deixar de lado qualquer ideia de vingança. Não precisamos conviver com quem nos magoou ou com quem não nos é simpático, mas devemos lembrar que estas pessoas também são "filhas de Deus" e que cada pessoa humana está sujeita a fraquezas. Assim, não vamos condenar ninguém.

Oração: Nossa Senhora de Schoenstatt, ajudai-nos a perdoar a todos os que nos ofenderam. Ajudai-nos a reconhecer a presença de Deus em todas as situações e concedei-me a graça de... (pede-se a cura da depressão).

Pai-nosso
Ave-Maria
Glória ao Pai

Nossa Senhora de Schoenstatt, confio em teu poder, em tua bondade. / Em ti confio com filialidade. / Confio cego, em toda situação, Mãe, no teu Filho e em tua proteção. / Amém.

Nossa Senhora de Schoenstatt, intercedei por nós.

8º dia

Iniciemos com fé este oitavo dia de nossa novena, invocando a presença da Santíssima Trindade: em nome do Pai, do Filho e do Espírito Santo. Amém.

Leitura bíblica: Sl 31,15-16

Mas eu confio em ti, Senhor / Afirmo que só tu és o meu Deus / Meu destino está em tuas mãos...

Reflexão: Vamos, como Maria, aprender a confiar inteiramente em Jesus: em Caná da Galileia, em uma festa de casamento, Maria se deu conta de que o vinho acabara e, após comunicar a Jesus, disse aos que estavam servindo: "Fazei tudo o que Ele vos disser". Como Maria, vamos seguir Jesus, vamos pensar nele em qualquer situação e deixar que Ele nos guie, pois nosso destino está nas mãos dele.

Oração: Nossa Senhora de Schoenstatt, Mãe dos aflitos, nossa Mãe e Rainha Três Vezes Admirável, intercedei por nós junto a Jesus para a cura da minha depressão ou da depressão de... (fala-se o nome da pessoa para quem se está pedindo a graça).

Pai-nosso

Ave-Maria

Glória ao Pai

Nossa Senhora de Schoenstatt, confio em teu poder, em tua bondade. / Em ti confio com filialidade. / Confio cego, em toda situação, Mãe, no teu Filho e em tua proteção. / Amém.

Nossa Senhora de Schoenstatt, intercedei por nós.

9º dia

Iniciemos com fé este nono dia de nossa novena, invocando a presença da Santíssima Trindade: em nome do Pai, do Filho e do Espírito Santo. Amém.

Leitura do Evangelho: Jo 16,32

...mas eu não estou sozinho, porque o Pai está comigo.

Reflexão: Deus criou tudo para nós: o céu, a terra, as plantas, os animais... tudo foi criado para nós. Pensemos em todo o amor de Deus por nós. E vamos nos lembrar de agradecer-lhe por sua presença constante em nossas vidas.

Oração: Nossa Senhora de Schoenstatt, ajudai-nos a lembrar de Jesus em todas as situações. Ajudai-nos a reconhecer a importância de alimentarmos a nossa fé, conscientes de que, por meio dela, poderemos fazer a experiência diária da presença de Jesus em nossas vidas.

Intercedei junto a seu Amado Filho para a cura da minha depressão ou da depressão de... (fala-se o nome da pessoa para quem se está pedindo a graça).

Pai-nosso
Ave-Maria
Glória ao Pai

Nossa Senhora de Schoenstatt, confio em teu poder, em tua bondade. / Em ti confio com filialidade. / Confio cego, em toda situação, Mãe, no teu Filho e em tua proteção. / Amém.

Nossa Senhora de Schoenstatt, intercedei por nós.

ORAÇÃO A NOSSA SENHORA DE SCHOENSTATT

Nossa Senhora de Schoenstatt,
Minha bondosa Mãe, Três Vezes Admirável, coloco-me diante de vós pedindo vossa intercessão junto ao seu Amado Filho para a cura de... (fala-se o nome da pessoa para quem se pede a graça).

Sei que sempre posso contar com vós. Imploro-vos que afasteis de mim as preocupações, tristezas, ansiedades frente à vida. Dai-me força para assumir as responsabilidades diárias e estimulai-me a confiar o meu futuro a Deus, nosso Pai, podendo assim viver todos os dias com a certeza de sua proteção.

Nossa Senhora de Schoenstatt, eu vos apresento todos os meus temores... (lista de todas as preocupações) e vos peço a graça de me ajudar a superá-los.

Entrego a Jesus, Vosso Filho Amado, todos os meus medos. Libertai-me, Jesus; curai-me, Jesus. Só Vós podeis realizar isso por mim. Amém.

5

LADAINHA DE NOSSA SENHORA DE SCHOENSTATT

Senhor, tende piedade de nós.
Jesus Cristo, tende piedade de nós.
Senhor, tende piedade de nós.

Jesus Cristo, escutai-nos
Jesus Cristo, atendei-nos.

Pai celeste, que sois Deus, tende piedade de nós.
Deus Filho, Redentor do mundo, tende piedade de nós.
Deus Espírito Santo, tende piedade de nós.
Santíssima Trindade, que sois um só Deus, tende piedade de nós.

Santa Maria, Mãe de Deus, rogai por nós.
Santa Maria, Rainha dos Mártires, rogai por nós.

Nossa Senhora, Mãe, Rainha e Vencedora Três Vezes Admirável de Schoenstatt,
rogai por nós.
Nossa Senhora de Schoenstatt, nossa Mãe, rogai por nós.
Nossa Senhora de Schoenstatt, Mãe admirável, rogai por nós.
Nossa Senhora de Schoenstatt, Mãe santíssima, rogai por nós.
Nossa Senhora de Schoenstatt, Mãe querida, rogai por nós.
Nossa Senhora de Schoenstatt, Mãe protetora, rogai por nós.
Nossa Senhora de Schoenstatt, Mãe dos aflitos, rogai por nós.
Nossa Senhora de Schoenstatt, Mãe da paz, rogai por nós.
Nossa Senhora de Schoenstatt, Mãe corajosa, rogai por nós.
Nossa Senhora de Schoenstatt, Mãe bondosa, rogai por nós.
Nossa Senhora de Schoenstatt, Mãe companheira, rogai por nós.
Nossa Senhora de Schoenstatt, Mãe amiga, rogai por nós.

Nossa Senhora de Schoenstatt, Mãe guardiã, rogai por nós.

Nossa Senhora de Schoenstatt, Mãe defensora, rogai por nós.

Nossa Senhora de Schoenstatt, Mãe intercessora, rogai por nós.

Nossa Senhora de Schoenstatt, consoladora dos aflitos, rogai por nós.

Nossa Senhora de Schoenstatt, saúde dos deprimidos, rogai por nós.

Nossa Senhora de Schoenstatt, Mãe dos angustiados, rogai por nós.

Nossa Senhora de Schoenstatt, Virgem poderosa, rogai por nós.

Nossa Senhora de Schoenstatt, Mãe de Deus, rogai por nós.

Nossa Senhora de Schoenstatt, Mãe do Redentor, rogai por nós.

Nossa Senhora de Schoenstatt, Mãe dos remidos, rogai por nós.

Nossa Senhora de Schoenstatt, Rainha da família, rogai por nós.

Nossa Senhora de Schoenstatt, Mãe educadora, rogai por nós.

Nossa Senhora de Schoenstatt, Mãe missionária, rogai por nós.

Nossa Senhora de Schoenstatt, Mãe peregrina, rogai por nós.

Cordeiro de Deus, que tirais os pecados do mundo, perdoai-nos, Senhor.
Cordeiro de Deus, que tirais os pecados do mundo, atendei-nos, Senhor.
Cordeiro de Deus, que tirais os pecados do mundo, tende piedade de nós, Senhor.

Jesus Cristo, ouvi-nos.
Jesus Cristo, atendei-nos.

Rogai por nós, Nossa Senhora de Schoenstatt, para que sejamos dignos das promessas de Cristo.